COMUNICACIÓN NO VERBAL

LA GUÍA DEFINITIVA PARA ACELERAR LA LECTURA DE PERSONAS A TRAVÉS DE LA PSICOLOGÍA CONDUCTUAL, Y ANÁLISIS DEL LENGUAJE CORPORAL. ENTENDER LO QUE CADA PERSONA ESTÁ DICIENDO USANDO LA INTELIGENCIA EMOCIONAL

LITA GORDILLO

ÍNDICE

información contenida en este documento, incluidos, entre otros, - errores, omisiones o inexactitudes.

INTRODUCCIÓN

La comunicación una cualidad que todos los seres vivos poseemos y que hace parte interesante e importantísima en nuestro sentido de supervivencia, todos nos comunicamos y cada cual maneja métodos precisos de dicha comunicación, en los seres humanos, esta nuestra actual manera de comunicarnos ha sido producto de miles de años de evolución hasta llegar a lo que hoy conocemos como el lenguaje, es por tanto nuestra comunicación un verdadero privilegio que entre otras cosas, su eficacia es tan determinante que incluso se puede asegurar que gracias a ellas podríamos seguir garantizando la existencia y supervivencia de la raza.

Y es que no es exagerado, la comunicación influye en todos los aspectos de la vida, para que una pareja pudieran acercarse y tener ese contacto que los enviara directo a poner en práctica el sentido de reproducción tuvo que existir de antemano un proceso comunicativo.

Ahora bien, desarrollar un método eficaz de comunicación ha sido posible mediante todo este proceso evolutivo, que, pese a que hayamos avanzado enormemente en el sentido de la comunicación, nuestros lenguajes ancestrales siguen presente dándole un toque de mayor riqueza a dicho proceso.

Estoy hablando desde luego del lenguaje no verbal o lenguaje corporal, a través de esta rica expresión del ser podemos aportar grandes señales en el proceso mismo de la comunicación.

Todo nuestro cuerpo se conjuga a manera de una orquesta con nuestros pensamientos y nuestras palabras y va creando una especie de baile, son esos movimientos que realizamos con nuestras manos, pies, nuestra cabeza, nuestras expresiones faciales y más.

El lenguaje corporal incluso más allá de reforzar nuestras palabras podría de alguna manera sustituir algunas, en ellas podemos manifestar verdaderas emociones que podrían ser determinante para que las intenciones salgan a flote.

Entonces hagamos una observancia muy detallada de todo ese proceso maravilloso de la comunicación corporal, y a través de él hagamos un paseo por un mayor conocimiento del lenguaje universal del ser, ella nos refleja el estado de ánimo, las intenciones, las verdades y mentiras, etc.

Aspectos como los gestos que utilizamos en el proceso comunicativo, la apariencia que adoptamos y las posturas que utilizamos en dicho proceso de comunicación podría ser un verdadero mapa bien estructurado de lo que se esconde tras nuestra comunicación oral, es que no se trata solo de lo que decimos, va incluso más allá, se trata realmente de lo que está oculto detrás de lo que decimos, por ello en el proceso de enamoramiento el lenguaje corporal es vital, allí se descubre el coqueteo y el resto de señales que indican que lo que sucede no es una comunicación normal sino que hay algo más.

El poder de la comunicación no verbal es exactamente un esbozo detallad de todo esto que acabo de mencionar, buen momento para descubrirlo.

ASPECTOS BÁSICOS DE LA COMUNICACIÓN NO VERBAL

*E*n primer lugar, debemos considerar de manera oportuna a que llamamos comunicación no verbal, todos los seres humanos además de la capacidad de hablar, vamos desarrollando con el paso de los años la capacidad de realizar cierta expresiones que de alguna manera irán reforzando nuestra comunicación, con el objetivo principal de ir fortaleciendo o dando mejor forma estructural a aquello que se intenta transmitir, de manera que la comunicación pueda resultar más efectiva, es así que vamos adoptando formas o modelos que a través de nuestro cuerpo irán orquestando o conjugando toda una estructura fascinante por medio del cual reforzaremos todo aquello que a través de nuestras palabras tratamos de expresar.

Se trata de un conjunto de gestos o movimientos que de forma no premeditada van surgiendo en medio de una conversación o incluso, en algunos casos con la ausencia de ella, que por lo general nos servirán para expresar sensaciones, sentimientos, o como ya mencione hace un momento, reforzar aquella idea que se esté transmitiendo en el proceso de la comunicación.

Sin embargo existe un número mayor de características que podrían aportarle más importancia a la existencia de este modelo particular de lenguaje, en algunos casos este podría utilizarse para sustituir alguna palabra o idea, de igual forma podría servir para generar quizás un ambiente o clima particular en el contexto que se esté llevando a cabo el intercambio comunicacional, o bien puede servir para afianzar algo que se está diciendo

En el estudio de la comunicación no verbal encontramos siete maneras o canales por medio de los que podríamos expresar un número de sentimientos que enriquecerían entonces de manera oportuna lo que se quiere transmitir.

Vamos entonces a evaluar cuáles serían los canales a través del cual se pueden manifestar el lenguaje no verbal, o conocido también como lenguaje corporal:

- Comunicación Kinésica
- Comunicación Proxémica
- Comunicación Paralingüística
- Expresiones Faciales
- Gestos
- Postura
- Apariencia

Comunicación kinésica.

La comunicación kinésica está directamente enfocada en aquella, producto de la intervención de las partes físicas en el proceso de comunicación, como movimientos de manos, gestos faciales, u otros, que sirven para reforzar o reemplazar algo que se quiera transmitir en el proceso de dicha comunicación, está incluida en la categoría de los llamados paralenguajes, encargada de definir las diferentes estructuras de comunicación no verbales, la comunicación kinésica podría incluir algunos gestos conscientes o inconscientes tales como un guiño del ojo, movimientos particulares de la boca, incluso alguna posición asumida por el cuerpo bien sea en quietud, parado, sentado o caminando.

Comunicación proxémica.

Esta podemos ubicarla entonces en formas dadas en

el proceso de la comunicación como la distancia (proximidad o lejanía) entre las partes, además lo relacionado a ciertos tipos de posturas utilizadas en dicho proceso, incluso, evalúa si hay o no alguna especie de contacto físico en medio de dicho intercambio comunicacional.

Comunicación paralingüística.

Por su parte la comunicación paralingüística está enfocada en los aspectos relacionados con lo relativo a la vocalización, pero que van más allá del simple lenguaje verbal, en este caso se toman a consideración aspectos como la tonalidad empleada en el proceso de comunicación, la acentuación, el ritmo, incluyendo incluso aspectos como la calidez de la voz, a través de la cual se puede considerar la intensión que lleva el lenguaje en dicho proceso.

Luego de analizar, como acabamos de hacer, los tres aspectos influyentes en el proceso de la comunicación no verbal, es momento de evaluar cuáles serían los canales por medio del cual se expresa dicha comunicación.

Expresiones faciales.

Este modelo de lenguaje no requiere de mucha explicación, ya en el nombre lo tenemos claro, está relacionado directamente a lo relativo con el aspecto que pueda adoptar nuestro rostro en el proceso mismo de la comunicación, incluyendo la coloración, de hecho las expresiones faciales son uno de los componente más determinante en dicho proceso, ya que es aquí donde se alojan la mayor parte de las expresiones sentimentales tales como alegría, tristeza, enojo entre otros.

Gestos.

El gesto, de igual manera es una manifestación clara de alguna intención de emocionalidad, estos pueden incluir las ya mencionadas expresiones faciales, sin embargo no se limita a solo esta, incluye de hecho acciones que involucran las manos, pies u otra área del cuerpo humano.

Postura.

La postura en el proceso de la comunicación es completamente determinante, pues con ella también se logra caracterizar alguna intención que se desee transmitir para enriquecer dicho proceso.

Apariencia.

Esta podría aportar detalles también en el proceso comunicacional, que quizás no están ligado de manera tan estrecha con dicho proceso, pero podría arrojar información de carácter importantísimo que puede influir incluso modificar la intención que se lleva en el proceso de comunicación.

Un ejemplo que podríamos utilizar para reforzar lo que acabo de decir, podríamos aplicarlo al caso hipotético en el que un infractor en su vehículo es detenido por un agente de tránsito, sin embargo este agente no se encuentra ni uniformado ni identificado, el mensaje que podría enviar este agente a través de la apariencia no infundiría quizás el debido respeto o temor que podría generar el hecho de conocer que se trata de un agente de tránsito que se encuentra plenamente identificado, incluso el mensaje, tono, o intención de la comunicación establecida entre estos dos podría cambiar inmediatamente al conocer que aquel con quien se está comunicando es un agente .

Por todo lo dicho anteriormente es que podemos entender y verificar de manera acertadísima cual es el papel y el rol que juega la comunicación no verbal en el proceso de interrelación entre los seres humanos, una simple comunicación oral sin una observación adecuada podría ocultarnos información de valor y de posible interés en medio del intercambio que se está llevando a cabo, ya que es esta la que realmente nos arrojara información precisa del sentimiento oculto detrás de las palabras, las intenciones, y el propósito estrictamente literal de lo que se intenta comunicar, es decir, ¡no bastan las palabras!.

2

EL ORIGEN DE LOS GESTOS UNIVERSALES

*L*os gestos, como ya vimos en el capítulo anterior, son esas expresiones a través de las cuales podemos enriquecer el proceso de comunicación, esto es una conducta asumida de manera universal, sin embargo podrían variar en cuanto a significación de un lugar a otro, de la misma manera que algunas palabras podría expresar una idea distinta en lugares distantes que manejen el mismo idioma, pero incluso en el mismo territorio componente de un país, estos gestos podemos clasificarlos de dos maneras, a saber, gestos conscientes y los que se realizan de manera inconsciente, veamos una breve explicación.

Gestos conscientes: estos son los gestos que

podemos realizar de manera premeditada, dicho de otra manera, los que hacemos intencionalmente con un objetivo específico y claro del propósito con el que lo estamos realizando, pudiéramos expresar por ejemplo enojo ante una situación particular, mostrar una sensación de alegría, incluso podría alguien utilizarlo de manera falsa con la intención de crear chantaje.

Gestos inconscientes: estos son aquellas expresiones que tendemos a realizar de manea espontanea, sin una idea previa a la misma, ellas surgen de manera automática, este tipo de gestos por lo general muestran una intención inequívoca del sentimiento que se está viviendo en el momento, ya que como se dijo antes surgen sin previo aviso.

Ahora bien, poder determinar el origen de estos gestos y si en realidad son innatos del ser o son aprendidos, ha sido un arduo trabajo que durante muchos años de investigación se ha tratado de descifra.

Indudablemente muchos gestos han sido aprendidos durante el proceso de crecimiento, de hecho, se sabe que por ejemplo los niños varones van adoptando la conducta que van observando de sus padres, esto incluye desde luego los gestos.

Muchos estudios han tratado de definir si estas expresiones del lenguaje podrían ser genéticamente transferidas o quizás parte del diseño natural del ser, bajo observación incluso del pariente más cercano al ser humano, el mono, se puede observar algunas características que de ninguna manera podría decirse que son aprendidas, como por ejemplo el impulso natural de succionar, método necesario para alimentarse utilizado por los mamíferos, por otro lado, experimentos realizados con personas invidentes y sordas se ha podido observar incluso en niños recién nacidos con estas característica, que realizan de forma espontánea gestos como la risa, dolor, u otros.

Desde luego que, si observamos de manera objetiva lo que estamos mencionando, sabemos que nuestros antepasados tenían otras maneras de comunicación distinto al que poseemos en la actualidad, es decir no podían comunicarse oralmente, inicialmente la comunicación era desde luego a través de los sentidos, por el tacto, el gusto, etc.

Así fue evolucionando lentamente el lenguaje, durante mucho tiempo nuestros parientes de la antigüedad, no pudieron dominar la forma de lenguaje oral como lo manejamos en la actualidad, por ello fueron desarrollando un modelo de lenguaje que incluía toda una estructura de sonidos y señas que se irían conformando de esta manera en el modo que los seres humanos podrían manifestar sus sentimientos, intenciones y propósitos.

Durante el proceso de la niñez el primer lenguaje que se va adoptando sin duda alguna es el lenguaje por medios alternos al oral, es decir, mensajes corporal, ante sensaciones como frio, hambre, sueño u otros, estos adoptan ciertas posturas incluso realizan ciertos movimientos que podrían de forma clara lanzar el mensaje del sentimiento que podría estar experimentando, sin embargo por medio de la observación y la práctica, estos mismos podrían ir aprendiendo otra serie o modalidades del lenguaje no verbal y así convertirlo en parte de su uso futuro al momento de hablar, incluso los gestos faciales, posiblemente estos lo vayan adoptando por observación de sus modelos de vida que por regla general suelen ser los padres.

Lenguaje corporal en los niños

Enseñar a los niños a expresarse no solo en su lengua maternas resulta ser de mucho beneficio para su desarrollo, no solo enriquece la capacidad de comunicarse efectivamente, sino que crea un nivel de conciencia más profundo de aquello que intenta comunicar, enseñarles por ejemplo el uso de las manos amplía sus posibilidades de efectiva comunicación, les brinda la oportunidad de conocer su propio cuerpo.

Lenguaje corporal en la adolescencia

En el proceso de adolescencia, una forma altamente objetiva de poder realizar un juicio correcto de los sentimientos, deseos, ilusiones o pasiones de estos y poder asumir una participación más activa en el desarrollo conductual del mismo sin duda es a través del lenguaje corporal o no verbal.

Características como la apariencia, sus preferencias al vestir, sus actitudes frente a una conversación, su estado de ánimo, todo esto va arrojando una estela fantástica de información, que sin palabras podría orientar hacia donde está enfocada la vida de dicho individuo.

Lenguaje corporal en el adulto

Por su parte en el adulto existe ya toda una estructura de lenguaje bien desarrollado, producto de todo un proceso de formación que ha ido desarrollando en el transcurso de la vida, tal y como vimos antes, existe una serie de signos propios del lenguaje corporal que ya son parte intrínseca del ser.

3

DESCUBRE LAS EMOCIONES BÁSICAS

*E*n primer lugar partamos de la siguiente idea, "las emociones", las emociones son estados que afectan nuestro comportamiento y que todos los seres humanos solemos sentir, se trata de reacciones que surgen a partir de un pensamiento o un sentimiento generado por elementos propios de nuestro entorno y que suelen moldear nuestro estado de ánimo, dicho de otra manera, se trata de reacciones que el individuo puede sentir o experimentar como estímulo propio de las percepciones de elementos particulares que nos rodean y que percibimos a través de los sentidos, una imagen, un olor, un sabor, etc.

Toda la estructura que pudiéramos encontrar en el tema de los sentimientos podría ser muy amplia, sin embargo de la misma manera que contamos con colores primarios y derivados o como en cocina encontramos salsas bases y derivadas, podemos encontrar así también una serie de emociones básicas que vendrían a ser las que podrían derivar en otro grupo más amplio.

Pero durante muchos años se ha restado mucha importancia al tema de los sentimientos, en realidad se ha dado mayor importancia al uso de la lógica.

Las emociones están generalmente ligadas a una serie de circunstancias por lo general reproducciones automáticas sobre elementos propios de nuestras creencias y actitudes, a través de la cual hacemos nuestra evaluación y valoración del mundo. Es decir, podría suceder que para alguien un hecho que podría generar un sentimiento "X" en otro podría generar un sentimiento "Y".

Es importante destacar que la capacidad de sentir emociones aparece en el ser humano incluso antes de desarrollar la capacidad de expresarla, ósea, ya un bebe recién nacido podría experimentar emociones distintas, pese a que quizás no pueda efectivamente manifestarlo a través del lenguaje corporal, de hecho, a los primeros meses de vida ya los bebes tienen la total capacidad de sentir emociones bien sean positivas o quizás negativas.

Rumbo a los dos años, los niños, a pesar quizás de no lograr entender algunas manifestaciones corporales de los sentimientos, ya puede adoptar un comportamiento empático con las personas que los rodean, incluso adoptando características propias de algunos estados emocionales con el firme objetivo de mostrar cierta afinidad con el sentimiento de otro individuo.

Pasados los cuatro años ya un niño podrá empezar a reconocer las emociones básicas y pueden comprender como estas pueden generar distintas emociones.

Por su parte como ya hemos mencionado, las emociones básicas son aquellas que experimentamos todas las personas en la vida, y son las siguientes.

Sorpresa.

Es un estado emocional que surge como consecuencia de toparse con algo inesperado o inusitado, este sentimiento en compañía de algunos otros, podría generar algún sentimiento alterno tales como el miedo, el terror, una situación muy eufórica que genere alegría u otra.

Podríamos decir que la sorpresa es un sentimiento neutro, ya que esta en sí misma no se queda en la mera reacción de sorpresa, sino que ella siempre derivara en otra emoción alterna, un individuo que llega a casa y sorpresivamente salen todos con un pastel, esto generara rápidamente una emoción de sorpresa, pero no llegara hasta ahí, el hecho como tal podría normalmente generar un estado posterior de alegría.

Mientras que una persona que es sorprendida en la calle muy tarde en la noche por un delincuente, no solo sentirá la sorpresa, sino que esta desembocara en otras emociones, para algunos bien podría ser miedo, ira, etc.

Miedo.

Es un sentimiento que podría ser un mecanismo de defensa del individuo, ya que este provoca alerta, cuidado, debido a que este genera cierto nivel de desconfianza en el individuo obligando a asumir una postura de protección. El miedo es uno de los mecanismos de defensa más primitivo de la raza humana, es un arma necesaria para la supervivencia, ya que por lo general, este surge de situaciones complejas que podría poner la vida del individuo en peligro.

Asco.

El asco se trata básicamente de un sentimiento profundo de rechazo en una persona, esto podría ser el resultado de la percepción repugnante por parte de los sentidos (principalmente el olfato, el gusto y la vista, aunque en realidad todos pueden generar esta sensación) de ciertos elementos del entorno que generen un profundo desagrado.

Hablamos de olores o sabores, pero más aún podríamos estar hablando de sentimientos provocados por elementos de percepción diferentes, incluyendo aspectos incluso culturales.

Alguna vez leí una historia que hablaba sobre la trata de esclavos, donde un ciudadano de alguna aldea africana que fue raptado por estos opresores y llevado a las tierras americanas, este, al ver a las mujeres de estas tierras tan delgadas y pálidas le generaban cierto asco.

Tristeza.

Pudiera interpretarse como un dolor de la psiquis, pero esta genera una alteración seria del comportamiento externo de un individuo, es decir, que inclusive podría crearle algún tipo de enfermedad o derivar en lo conocido como enfermedad somática.

La tristeza tiene un impacto profundo en el ser humano, de hecho, está comprobado que cuando un individuo está expuesto a la tristeza, le reduce considerablemente la producción de serotonina, eso podría convertir todo en un círculo vicioso ya que la carencia de este elemento en nuestro organismo, sigue generando mayor sentimiento de tristeza, soledad, hasta sumergir a una persona en profunda depresión, ansiedad y causar trastornos muy severos en la salud de la persona.

Alegría

Este desde es el lado opuesto de la tristeza, se trata de una sensación de placer producido generalmente por la reacción a una situación que podría definirse como favorable.

Ira.

Es un estado emocional caracterizado por la rabia, enojo, es un sentimiento producido básicamente por situaciones adversas, ante posiblemente situaciones que puedan generar frustraciones, estamos hablando de objetivos no logrados, expectativas no cumplidas.

La ira, sin el debido control, podría llevar a comportamientos que reflejen un profundo estado de agresividad, en aquellas personas cuyo carácter podría definirse como impulsivo, la ira podría ser una situación que pudiera tener un efecto negativo, ya que podría reaccionar de forma desfavorable, y dicho estado emocional podría pasar de un simple estado emocional a acciones verdaderamente peligrosas.

Sin embargo, la ira, como el resto de las emociones básicas, podría ser muy útil en momentos específicos, podría ser un sentimiento que otorgue una oportunidad de supervivencia antes circunstancias amenazadoras,

Importancia de las emociones básicas

La importancia es verdaderamente invaluable, según vimos en el capítulo anterior un niño recién nacido, el primer lenguaje que desarrolla es el lenguaje no verbal, y este es posible desarrollarlo como producto de la manifestaciones de dichas emociones en el pequeño, si un niño tiene hambre, esto le puede generar irritabilidad, es decir una sentimiento de ira, y él lo expresara a través del llanto, es un mecanismo efectivo para la supervivencia.

Las emociones son una expresión externa de una situación interna en cada individuo, ellas hablan de nosotros, ellas cuentan nuestra historia, esa que callamos y que podría ser de gran importancia para determinar la realidad de lo que estamos viviendo.

Una de las consecuencias que podría acarrear un estado de tristeza, podría ser un profundo estado de depresión que pueda llevar a un deseo incluso incontrolable en algunos que devenga en suicidio, sin embargo, una clara observación de dicho estado podría ser suficiente para salvar la vida de este individuo.

Esto solo a modo de ejemplo, lo cierto es que, el lenguaje silente que grita verdades son las emociones y ellas pueden ayudarnos a interpretar aquello que las palabras no pronunciadas ocultan.

4

EXPRESIONES CORPORALES DE LAS EMOCIONES

*Y*a hemos dicho que las emociones son la expresión externas de un sentimiento interno, de manera que, es de suponer y totalmente lógico comprender que cada emoción puede o debe tener unas ciertas características que puedan definir el tipo de emoción que pueda estar manifestando, de hecho se puede decir que hay emociones que podría variar en los sentimientos que genere, a alguien podría parecer gracioso cuando es arbitrariamente asustado por alguien, entonces que de hecho resulta ser una sorpresa en realidad, podría generar risa, pero a otros podría causarle un enfado.

Paulk Ekman es uno de los pioneros en el estudio referente al lenguaje no verbal, y la ciencia del comportamiento, en su tesis desarrolla toda una verdadera estructura teórica fantástica sobre lo que refiere al tema de las expresiones externas, uno de sus mejores enfoques lo hace rumbo al tema de las micro expresiones.

- *El rostro y las micro expresiones:* dicho de otra manera, estamos hablando evidentemente de "expresiones muy pequeñas", son esas especies de muecas espontaneas que surgen en el rostro de las personas durante el proceso de la comunicación, estas son realmente rápidas, incluso podría durar menos de un segundo, pero aun así, sirven para descubrir el estado de animo de las personas con las que nos estamos comunicando.

De acuerdo a la teoría de ekman, las micro expresiones son de carácter universal, es decir según su percepción estas expresiones son de carácter genético, es una especie de registro natural en todo ser humano, al parecer estos pequeños movimientos espontáneos surgen de manera exactamente igual en todos los seres humanos en cualquier parte del mundo que se encuentren, además asegura que podría ser producto de una serie de emociones también universales que generan dichas expresiones.

Entonces sería fácil suponer que si existe una línea de expresiones universal fijadas ya de manera igual en todos los individuos, podríamos así crear todo un patrón de trabajo que nos ayude a comprender, las características principales de este comportamiento corporal "en miniatura".

Asi que, las micro expresiones podrían entonces a ayudarnos a detectar cuando hay miedo, o empatía con el individuo que se esté comunicando, pudiera detectarse a través de dicho estudio si existe alegría, un sentimiento de pasión o cualquier otro que pueda servir como referencia para quienes se encuentran interactuando.

- *Expresión corporal:* la forma fundamental y básica de la comunicación no verbal se trata desde luego de esta, cuando hablamos de expresión corporal nos estamos refiriendo a la manera más antigua de comunicarnos como seres, ahora mismo podríamos usarla como método de reforzamiento de lo que queremos comunicar.

El lenguaje corporal incluye en su acción las manos, pies, la cara y cualquier elemento de nuestro cuerpo que pueda sernos de utilidad para manifestar una serie de sentimiento que podrían estar sucediendo durante el proceso de la comunicación

Entre las características fundamentales para las emociones, encontramos que ellas recurren al movimiento para expresar algunos sentimientos y/o emociones, una vez que se hace efectiva una manifestación de emoción en esta, ella realiza un movimiento que la ayuda a identificar dicho sentimiento, ahora, es importante ver que este movimiento no surge desde la mera intención física de realizar dicho movimiento, sino que este trae ya una intención psicológica, es decir, que lo que está alojado en la mente en algún punto se manifestara en el exterior como una expresión corporal.

- *La postura:* hablando justamente de expresión corporal como mecanismo o herramienta aplicada durante el proceso de comunicación, hemos dicho ya que este tiene una finalidad interesante, se trata de reforzar con estos elementos el mensaje que se quiere transmitir, bien, un elemento muy importante que puede hablar por si solo respecto a las emociones que se puedan estar experimentando en cualquier proceso de comunicación es sin duda la postura.

Y es que justamente de las expresiones no verbales en el proceso de la comunicación, la postura es altamente relevante, esto se debe a que sin duda la postura es una de las expresiones más visibles en dicho proceso, de acuerdo a la psicología existen dos tipos de posturas, las congruentes y las incongruentes.

- **posturas congruentes:** las posturas congruentes surgen como resultado de una conversación o proceso comunicativo en el cual las partes podrían tener acuerdo en lo que se está hablando, por lo general esta congruencia es manifestada por posturas similares asumidas durante el proceso, por ejemplo al sentarse asumen posiciones similar, si alguno cruza las piernas el otro le sigue, cabe destacar que el que toma la iniciativa en los cambios de posturas realizados durante la conversación podría ser un indicativo de ser el líder del tema, muy probablemente sea quien termine tomando las decisiones finales.

- **Posturas no congruentes:** en este caso es fácil evidenciarlo, cuando la conversación se trata de una discusión o dentro de ella hay serias discordias , encontramos indudablemente posiciones distintas lo cual es una señal casi inequívoca que hay una disparidad en asuntos de acuerdos.

Los gestos.

Dentro del proceso de la comunicación no verbal los gestos juegan un papel altamente importante, estos son expresiones realmente significativas que incluso podría sustituir algunas palabras, estos gestos pueden ser hechos con las manos, los pies, la boca u otros componentes del cuerpo.

Es importante claro esta, no confundirlo con la comunicación física no verbal, ya que la segunda expresa por si sola mensajes completos sin necesidad alguna de palabras, mientras que los gestos se encargan de reforzar, y solo en casos muy puntuales intercambiaría algunas palabras por un gesto,

Vamos a mencionar brevemente algunos tipos de

gestos y las cualidades particulares que caracterizan a cada uno de ellos.

- *Los emblemáticos:* estamos hablando de esos gestos casi universales que no requieren una palabra, sino que ya ellos por si solo envían el mensaje que se desea transmitir, uno de los más destacados podría ser el de la mano derecha juntando el pulgar y el índice extendiendo el resto de los dedos simulando un "OK" que, aunque no siempre, en muchos de los casos quiere indicar "Bien o estoy de acuerdo".

- *Los ilustradores:* son esos que acompañan al comunicador en dicho proceso, son justamente esos que señalábamos que se utilizan para adornar o afirmar el discurso que está brindando, en termino general, se usan las manos en mayor cantidad de veces y el rostro, estos surgen de forma espontánea aunque quizás sean aprendidos, son en realidad parte natural ya del discurso de cada quien, cambiarlo adrede podría representar un problema, ya que no muy fácilmente podría hacerse de manera completamente natural

- ***Reguladores:*** son esos que se utilizan a manera de árbitro de la conversación, se utilizan para indicar por ejemplo que la conversación esta por acabar, ademanes de salida, o que uno de los interlocutores esperan una respuesta.

Son estas, una pequeña muestra de ejemplos eficaces de las diferentes manifestaciones de la expresión corporal de las emociones, dentro de estas existe una de vital importancia, vamos a hablar de ella en todo un apartado a continuación, te hablo de la risa.

5

INFLUENCIA DE TU SONRISA

¿*H*abrá una expresión del lenguaje no verbal más claro y significativo que la sonrisa?, sin duda alguna de las emociones manifestadas a través del lenguaje corporal la risa es una de las más significativas, y esto no solo por lo que ella en si misma pueda estar indicando, sino por el efecto que este ocasiona en el resto de los participantes del proceso de comunicación.

En el proceso de la comunicación no corporal la risa podría estar enviando un mensaje claro, estaría indicando que en definitiva está muy a gusto con el intercambio de puntos de vistas que se está llevando a cabo, de igual forma podría ser una señal de alivio ante ciertas situaciones, por ejemplo, cuando alguien vive una situación que pudo haberlo asustado y luego se da cuenta que no era un peligro real, la risa podría estar expresando el alivio de que no era como la situación aparentaba ser.

Existen muchas creencias acerca de la risa, por ejemplo, se cree que el reír alarga la vida y previene algunas patologías relacionadas con el corazón, también se cree que la risa puede ayudar a superar problemas de insomnio, de acuerdo a la ciencia la risa ayuda a liberar endorfinas, esto crea en el cuerpo humano un efecto analgésico, es decir que la risa entonces, es también un alivio contra el dolor.

El poder de una sonrisa.

Como mencionamos, una sonrisa contiene muchos beneficios, no solo en las emociones sino más aún tiene efectos directos en la salud del individuo, por otro lado de las expresiones corporales más contagiosa la sonrisa podríamos asegurar que está en el primer lugar.

Alguien dijo en una oportunidad *"la sonrisa es el camino más corto entre dos personas"* si dos pares de personas se conocen en algún lugar, y de ellos hay uno que siempre está sonriente, este sin duda contara con la empatía del resto de personas, está comprobado que la risa es el pegamento social, de hecho no solo con los humanos, de acuerdo a cierto experimento, si colocas dos monos frente a dos seres humanos, y de estos uno de los humanos se ríe constantemente y el otro no, ambos monos se sentirán más atraído por aquel que siempre se reía.

Entonces podemos contar con amplio números de beneficios de reír, en lo personal es un aliado necesario para problemas de salud, de hecho está comprobado que ciertos pacientes que son tratados con algunos métodos que incluyen terapias de risa, tienden a tener un mayor índice de mejoría que aquellos que no lo pasan por este proceso.

Pero además de eso en el ámbito social una sonrisa es más gratificante que mil palabras asertivas, sin dejar de lado claro está que las palabras asertivas tienen un buen papel en el proceso de comunicación e interacción entre los seres humanos, pero hablando de comunicación no verbal sin duda que una sonrisa es una enorme señal que no requiere de mayor explicación, practique este experimento por un par de días, vaya a su lugar favorito (biblioteca, parque, plaza, restaurante) siéntese a observar a las personas que por ahí pasan, obsérvelos a diario sin hacerse notar, observe sus expresiones faciales y trate de descifrar quienes de los que frecuentemente

vio, están en estados de tristezas, angustia o sencilla-
mente muy distraídos.

Una vez hecha esta primera parte, ahora seleccione
un grupo de ellos y dedíquese a sonreír cada vez que
pasen, si es preciso apunte los cambios que le va
generando, hágalo por varios días y cuando se
acerque regálele esa sonrisa, podrá notar con el paso
de los días que la sonrisa ira fluyendo de manera
natural y espontánea, ya no debe regalar la sonrisa,
estos se adelantaran y de forma automática se
sonreirán con usted, de hecho, su mente que ve el
acto como un alivio en su día pesado, estará espe-
rando con ansias esa sonrisa para refrescarse el alma.

Sin embargo, es necesario aclarar también que no
todas las sonrisas guardan la misma intención, dirección ni propósito, por ello vamos a evaluar entonces
los diferentes tipos de sonrisas.

Tipos de sonrisas.

Como bien acabamos de decir, tenemos entonces
que las sonrisas pueden variar en el sentido del
propósito que se desea alcanzar, la manera en que se
efectúa y el mensaje que este podría dejar, entonces
enumeremos los diferentes tipos de sonrisa.

- *Sonrisa duchenne:* su nombre, en homenaje al neurólogo francés Duchenne de Boulogne , su descubrimiento está basado en la observación de los músculos faciales que intervienen en la risa, a través de los cuales, concluye que es una sonrisa genuina, sobre todo por su observación del musculo orbicular, que tiene una acción en dicha sonrisa, ya que los seres humanos de forma voluntaria no tienen la capacidad de mover este musculo, y solo se mueven de forma espontánea producto, según observa, de una sonrisa genuina, es decir no fingida.

- *Sonrisa falsa:* es esa sonrisa que realizamos solo con intenciones diplomáticas, en esta sonrisa generalmente no hay un efecto sobre los músculos oculares, es solo una cortesía, generalmente la usamos para posar en una fotografía, o por aparentar de algún modo cortesía ante una situación de la que queremos salir pronto.

- *Sonrisa del miedo:* por lo general es una sonrisa nerviosa que se aplica para mostrar sumisión ante una situación específica o alguien a quien tememos.

- *Sonrisa atenuada:* una sonrisa que intenta

ocultarse, pero esta es una sonrisa genuina, en algunas culturas antiguas reírse sin motivo aparente, era acusado de estúpido, por esta causa se trataba de "amortiguar" la sonrisa para no ser imprudente, esta sonrisa es la sonrisa de la soledad, esta que sale de un recuerdo y que tratamos de disimular.

- *Sonrisa miserable:* es un modelo de sonrisa que se utiliza por lo general como un símbolo de misericordia ante situaciones tristes o dolorosas, generalmente acompañada de una profunda tristeza en los ojos.

- *Sonrisa calificativa:* esta por lo general tiende a ser una sonrisa poco agradable, es la sonrisa de la mala notica, emitida generalmente por aquella persona que sabe algo que aún no nos damos por enterados, como aquella sonrisa que hacia el hermano mayor cuando acusaba a su hermano menor y sabía que le venía el castigo, en esta sonrisa suele levantarse ligeramente el labio interior e inclinar la cabeza.

- *Sonrisa de desprecio:* es una sonrisa bastante peculiar y en realidad muy molesta, se trata de una especie de mezcla entre resentimiento y disgusto.

- *La sonrisa de alegría maliciosa:* es una sonrisa que se produce como efecto de la alegría que puede generar en un individuo la desgracia de otro. Es una sonrisa disimulada por razones obvias, se da colocando una expresión de enojo en la parte superior de los labios.

6

SEÑALES DEL LENGUAJE CORPORAL

Según vimos en capítulos anteriores el lenguaje corporal son expresiones que se pueden generar en medio del proceso de comunicación y que estas se realizan a través de movimientos o señales que surgen de manera espontaneas o premeditada con el uso de las mano, pies, la cara y otros, vamos a dar un breve paseo por cada una de esas posibles señales y el contexto dentro del cual pueden ser aplicadas, analizando desde luego el significado que cada una de ellas puede tener.

Dentro de esta serie de signos dados a través del lenguaje corporal, una que genera muchas calificaciones o interpretaciones por parte del que está escuchando, son los movimientos de las manos, las manos pueden inspirar confianza, temor, compasión entre otros, vamos a analizar los gestos más resaltantes de estos, su posible significado, y alguno de los contextos en los que pudieran ser aplicado para alcanzar el objetivo de su efecto.

- *Las palmas de las manos:* por lo general mostrar las palmas de las manos se puede decir que está relacionado con algún tipo de insinuación que inspira confianza, además podría ser también señal de honestidad, de que no hay nada ocultar, es decir es un símbolo de transparencia, de hecho es tan importante la palma de la mano que no hay un gesto más genuino para un interlocutor de extrema confianza que estrechar justamente las palmas de las manos.

Esta realidad la vemos expresada en varios casos particulares, por ejemplo cuando en un juicio es llamado un testigo al estrado para brindar su confesión respecto al caso que se está juzgando, a este se le coloca la mano izquierda sobre la biblia y la derecha elevada con la palma hacia adelante para brindar juramento, esto justamente como señal de que su declaración es sincera y no habrá nada oculto en ella.

De igual forma cuando alguien va desarrollando la confianza en una persona esta tiende a mostrar levemente la palma de sus manos, esto es un gesto inconsciente que se emplea de forma automática para denotar ese gesto de confianza.

- *Estrechar las manos:* creo que no hay un acto más genuino de desinterés, confianza, respeto y sinceridad, que el acto de estrecharse las manos, este sin embargo podría tener varias lecturas, una de ellas podría ser amistad sincera, también suele usarse como un gesto de garantía a la hora de cerrar un trato, y más aún podría considerarse un símbolo de paz entre dos partes en conflicto que han decidido superar las diferencias y hacer las paces.
- *Las palmas hacia arriba:* cuando una persona coloca las palmas de las manos hacia arriba, está demostrando de alguna manera un símbolo de sumisión, de hecho es conocida como la señal del mendigo pues hace alusión a estar solicitando algo, estar pidiendo algún tipo de ayuda.
- *Las palmas hacia abajo:* por su parte, en el sentido contrario a la antes mencionada, es

decir con las palmas de las manos hacia abajo, es automáticamente entendida como un símbolo de autoridad, de alguien que está dando órdenes específicas.

Por ejemplo, cuando un agente de tránsito, policía, o incluso un civil común se encuentra ante una situación en medio de una autopista en la cual requiere que lo demás vehículos que vienen por la vía se detengan, en seguida usan esta señal como forma de ordenar que deben detenerse, no tienen la necesidad de hacer un anuncio mayor para lograr este objetivo, con la mera señal de la mano automáticamente se sobreentiende que se trata de una situación de fuerza mayor que requiere la oportuna obediencia.

- *Puño cerrado con el índice hacia adelante:* va en el mismo orden de ideas que la anterior, podría ser un gesto de autoridad, con ella podrías estar dando una orden, cuando esta es golpeada de manera constante hacia arriba y hacia abajo estas mostrando toda la carga de autoridad.

Sin embargo, además de la antes mencionada podría también ser un acto amistoso, como por ejemplo indicando el camino por el cual debes ir, todo siempre estará determinado fundamentalmente por el contexto en el cual se esté aplicando.

- *Dedos entrelazados:* es un gesto que podría ser engañoso, ya que este en la apariencia podría estar enviando una señal de estado de paz, seguridad o tranquilidad, la verdad es que detrás de dicha señal a veces inconsciente podría estar escondiéndose otras intenciones, por lo general cuando las personas se encuentran con los dedos entrelazados podría estar manifestando un gesto de hostilidad.

Otra de las señales que pudiera estar enviando quien se encuentra en dicha posición podría ser una especie de maquinación, igualmente frustración, lo cierto es que quienes se encuentran en esta posición casi siempre están en realidad en un estado de negatividad.

- *Manos en forma de ojivas:* ambas manos juntadas en las puntas de los dedos, con cada dedo correspondiente al mismo de la mano opuesta haciendo una forma de alguna manera triangular, las personas que adoptan esta posición por lo general son personas que se sienten en un estado superior a aquel que le está hablando, es una figura de extrema seguridad o que al menos muestra seguridad y tranquilidad en relación al tema que se está llevando a cabo.

Es muy usado comúnmente en los círculos empresariales o profesionales, cuando un abogado está en el juzgado puede en algunos momentos incluso de manera inconsciente estar realizando este gesto como forma de reflejar su supremacía y autoridad, cuando las manos en esta posición se encuentran apuntando hacia arriba es en general cuando se está hablando, mientras que cuando señala hacia abajo, estaría en estado de atención escuchando la otra parte.

- *Tomarse las manos detrás:* esta señal es utilizada generalmente como forma de mostrar autoridad, generalmente aquellos cargos que implican un modo de seguridad siempre se están paseando de ese modo, en las películas o programas de televisión casi siempre cuando quieren denotar el poder y

autoridad de alguno de sus personajes no
puede faltar en el guion de ninguna manera
el uso de este signo de autoridad.

Agentes del orden público, managers de equipos
deportivos y otros, que implican alto grado jerár-
quico, usa este modelo de lenguaje corporal, algunas
veces de manera consciente y en otras oportuni-
dades de forma ya mecánica, esto por la normalidad
que ha adquirido este estilo en su comportamiento
diario.

Sin embargo, es necesario tener en cuenta que
existen formas relativamente parecidas y que por el
contrario podrían estar indicando algo muy dife-
rente, el caso del que estamos hablando en esta
ocasión se refiere a las manos tomadas de la muñeca,
pero cuando las manos están sujetas no en la muñeca
sino en la parte superior del brazo como el ante
brazo, podría más bien estar reflejando angustia o
inseguridad.

- *Dedo pulgar muy pronunciado:* la costumbre
  de usar el dedo pulgar, o mejor dicho de
  mostrar mucho este dedo, es de una persona
  que por lo general se siente superior, incluso
  podría reflejar de alguna manera una forma

de agresión, se trata de mantener siempre visible dicho dedo, esto es una condición casi inconsciente, podría darse con los brazos cruzados con los pulgares hacia arriba, o con las manos en los bolsillos dejando siempre fuera el dedo pulgar.

De la misma manera que acabamos de observar respecto a las manos, el uso de los pies también suele ser muy enriquecedor cuando de comunicación no verbal hablamos, son distintas las causas, razones y momentos en los que algunos ademanes, posiciones y movimientos hechos con los pies, podría ser determinante para arrojar un mensaje al interlocutor.

De la misma manera que ya lo hemos estudiado respecto a las manos, vamos a darnos un paseo por ese lenguaje tan rico para una conversación como es el lenguaje corporal aportado por los pies.

- **Estabilidad;** Estar de pie completamente rígido o mejor dicho firme, ya podría interpretarse como una señal inequívoca de estar en tranquilidad, esto muestra confianza, de hecho en medio de contiendas, y discusiones, persona que quiere mostrar tranquilidad y cero nerviosismo ante esta situación adopta esta posición, se trata de los pies completamente rígidos, y ligeramente separados.

- *La dirección de los pies también hablan:* el lenguaje corporal podría ser el delator de tus verdaderas intenciones, estar en una conversación que con tus palabras pueden tener apariencia de que te sientes a gusto, podría ser delatados por la dirección de los pies, pues unos pies que no están apuntando directamente a la persona con la que habla, podría estar indicando que tiene algo que decir en el momento, mientras que si esos pies se encuentran señalando a espacios abiertos, podría estar señalando que se siente oprimido en dicha conversación y que incluso podría decir que tiene deseos de irse.

- *Piernas cruzadas:* las piernas cruzadas podrían enviar mensajes diferentes, me refiero en este caso a las piernas cruzadas durante una conversación sentados, si en medio de la conversación, cruzas las piernas cuya pierna que este por encima de la otra se encuentre señalando directamente a la persona, es una señal de estar a gusto, y de sentir buen interés por el tema que se está llevando a cabo.

Por su parte, si al contrario te sientas con la pierna señalando al contrario de esta persona, estas reflejando con ello que en realidad la conversación no te resulta del todo placentera y preferirías salir de ahí.

- ***Punta de los pies en el piso con talones levantados:*** una muestra irrefutable de nerviosismo es sin duda esta posición, cuando estamos sentados y apoyamos la punta de un pie en el suelo para moverla de manera incesante hacia abajo y hacia arriba generando un aspecto a temblor, podría ser una señal clara de lo antes mencionado, sin embargo también podría estar reflejando ansiedad o deseo por irse.

De igual manera de los que ya acabamos de mencionar, el resto de las partes del cuerpo también refleja, de acuerdo a sus ademanes basado en sus respectivos contextos, emociones que podrían bien estar oculto, o podrían estar tratando de ocultar, aunque también como ya hemos dicho podría servir para afianzar ciertos elementos planteados en el proceso de la comunicación.

Una mirada constantemente baja podría reflejar un estado de tristeza, mientras que si colocásemos la cabeza ligeramente inclinada hacia atrás en medio de una discusión fácilmente podría ser asumida como una posición altiva, altanera o arrogante.

En medio de una conversación entre dos personas que siente de alguna forma un tipo de atracción el uno por el otro, existen señales apasionadas como morderse los labios, o bajar la mirada en tono de sumisión.

Todo esto nos indica que la postura que asumamos es completamente determinante en el proceso de comunicación, estar de brazos cruzados, manos en o los bolsillos, ciertas posturas asumidas a la hora de pararse, pueden señalar que nuestro interlocutor podría estar feliz, confundido, aburrido o cualquier otro sentimiento que podamos mantener en un proceso de comunicación, bien podrá ser interpretado por la otra parte de algún modo.

Por ello, en el proceso de una comunicación efectiva debemos ser muy consciente de cuáles son las posturas que vamos a adoptar, tener conciencia es necesario para esos momentos en los que por ejemplo, nos toca estar de pie ante un público importante, como orador en alguna importante conferencia, al estar frente quizás de alguna persona de autoridad, pero más allá en medio de las relaciones diarias asegúrate el mensaje que quieres transmitir y el que en realidad estas transmitiendo por medio del mensaje no verbal a través de tu cuerpo.

7

LOS SIGNOS DEL CORTEJO

Ya hemos visto de manera detallada la forma en que nuestro cuerpo puede convertirse de manera efectiva en un perfecto comunicador de emociones, y una de las emociones que no podría quedar por fuera de esta lista es el de la atracción sexual, cada vez que una persona que entra en el espacio de otra con evidencias claras de interés en el aspecto sentimental y sexual, comenzó a destellar una serie de anuncios claros a través de su cuerpo, es decir lo que hemos denominado el lenguaje corporal como medio de decir sin palabras las pretensiones reales que estamos asumiendo con esta persona. Se dice que el 80% de la veces en que se genera este tipo de señales, está iniciado por las mujeres, mientras que solo un 20% por los hombres.

Esto quiere decir que el hombre exitoso en asuntos del amor probablemente haya logrado desarrollar la capacidad de interpretar este tipo de señales y sacar el mayor provecho de ellas.

Sin embargo existe una serie de signos particulares que pueden ser evaluados rápidamente y determinar a través de ellos que este contacto se trata de algo más que una simple amistad, veamos.

- *Contacto visual:* todo entra por la vista, evidentemente lo primero que debe suceder para que se empiecen a generar los pasos necesarios para que se dé una apertura a una posible relación, es el contacto visual, a través de este no solo se crea el primer estimulo que da paso a la posible relación, sino que este mismo podría ser un indicativo de que existe dicha atracción.
- *Sonrisa:* de este asunto ya hemos dedicado buenas líneas anteriormente, la risa siempre generara un impacto positivo en la otra persona, y contextualizando el hecho podría ser una señal inequívoca en este proceso, si

ambos suele sonreírse con una especie de picarda sin que haya una causa externa distante de una posible atracción, indudablemente podría ser una señal.

- *El pavoneo:* en este caso ella suele sentarse muy erguida tratando de denotar claramente sus pechos, y puede realizar juegos como tocar su cabello constantemente intentando despertar la atención, cuando se encuentra de pie, generalmente inclinan levemente la cabeza a uno de los lados dejando parte de su cuello descubierto, además es sumamente detallista con su vestimenta y el uso de joyas.

Por su parte él mantiene una postura firme asumiendo una posición de control y de dominio, una característica de hecho muy parecido al de ella es acariciar su cabello de vez en cuando, como que intentara arreglar su peinado y se mantiene siempre muy cuidadoso de la ropa que usa.

- *La conversación:* este es el siguiente paso y por poco no uno de los más importantes, en esta ocasión alguno de los dos se acerca generando alguna excusa para poder acercarse al otro, e iniciar una cálida conversación donde se pueden aclarar ciertas dudas de los pasos previos a este.

- *Contacto:* se realizan ciertos gestos de cercanía que podrían ir generando la confianza necesaria, para llegar en definitiva a la conclusión de que en realidad hay una verdadera atracción por parte de estos.

8

COMUNICACIÓN DE PODER Y CONTROL

*T*odos los seres humanos en alguna oportunidad nos hemos visto en la situación de querer asumir el control en alguna situación dada, por ejemplo en el caso anterior encontramos una situación similar a esa, es decir, alguno de los dos podría asumir el control de dicho cortejo, en medio de una discusión o por asuntos de causar una impresión, todo ser humano tarde o temprano ha sido influenciado por un deseo natural de asumir el control en ciertas circunstancias.

Pero más allá de esto, encontramos prácticamente toda una ciencia que nos enseña los beneficios en esta dirección que podemos alcanzar haciendo uso de algunas poses en nuestro proceso de lenguaje corporal, que nos ayudaran a asumir una posición que genere esta sensación de autoridad y de poder. Es ampliamente aplicado en los círculos de liderazgo y es de tal el impacto, que incluso tiene acciones directas en el organismo endocrino

- *Cabios fisiológicos:* en efecto, encontramos ciertas posturas que el impacto es tal que puede generar cambios fisiológicos interesantes y que son aplicado en círculos de liderazgo para aumentar su capacidad de impacto positivo en el grupo que le sigue, por ejemplo una persona que se encuentra parada con las manos ligeramente apoyada sobre la mesa, con una pequeña inclinación hacia adelante, o igualmente de pie con las manos en las caderas, de la misma manera sentado con la espalda y hombros erguidos, se ha demostrado que estas poses aumenta considerablemente los niveles de testosterona, a la misma vez que reduce los de cortisona conocidos como la hormona del estrés.

Está comprobado que lo elevados niveles de testosteronas pueden generar mayores niveles de autoconfianza, seguridad y ayuda a tener un comportamiento más aguerrido, de manera que pueda tomar el control de las situaciones diversas que se le presente.

- *Empatía y credibilidad:* de los más grandes benéficos que podría aportar lo antes dicho, es los niveles de empatía que suele generar este tipo de posturas, es que el carácter que se puede asumir en medio de estos procesos incluso biológicos producto de los cambios reflejados de manera exterior de todo un trabajo realmente interno, (no solo de actitud sino incluso endocrinólogo) generan un gran impacto en el resto de las personas.

Por otro, lado la realidad es que no muy fácilmente una persona pueda abandonar las posturas habituales que pueda utilizar de manera natural, y que podrían distar de las intenciones de estas posturas de poder, por ello es cada vez más frecuente y completamente normal que en los equipos de trabajo con características de liderazgo se utilice una figura al estilo de coach llamado power pose.

- *Algunas actitudes y poses de poder:* en algunos sorprendentes casos de la vida, podría marcar la diferencia ni siquiera el tener el poder, sino asumir una posición de poderoso podría darte una ventaja ante el contrincante, al estilo del pavo real, que ante una amenaza este en realidad esta desprovisto de cualquier capacidad de enfrentar algunos enemigos, sin embargo tras desplegar todo su asombroso plumaje crea un impacto visual que tiende a ahuyentar a cualquier enemigo.

Ese es el principio, el primer impacto podría ser el más importante, y es imposible dejar de lado el hecho que nuestra posición asumida es la que puede determinar la dirección de nuestra intención de marcar la diferencia y asumir una posición de poder.

Lo principal a tener en cuenta es que para asumir una pose de poder, como ya ilustramos con el pavo real requiere expandirse, debes tratar de abarcar el mayor espacio posible con tu cuerpo.

En una conversación dentro de una reunión bien sea de trabajo o de cualquier otra naturaleza podrías cruzar tus manos en el pecho y reclinar levemente tus hombros hacia atrás, también como ya mencionamos antes, puestos en pie con las manos sobre la mesa ligeramente inclinado hacia adelante, genera una profunda sensación de autoridad que podría servirte para cerrar tratos,

Una pose muy impactante en el caso que podría ser tú el entrevistador, es ladearte en la silla de manera que puedas colocar tu mano en el regazo de la silla con las piernas ligeramente separadas, esto genera un buen impacto visual que se traduce en control, poder.

9

TÉCNICAS QUE GENERAN CONFIANZA

Ser capaz de mantenernos seguro en nosotros mismos, es más, de expresar esa seguridad a otro es un asunto en los que la comunicación verbal no lograría convencer ni con el mejor discurso que puedas desarrollar, esto solo es algo que puede lograrse de manera muy eficaz a través del lenguaje corporal, tal y como vimos en el capítulo anterior, la mejor manera de lograr el impacto deseado es a través de los gestos o las posiciones aprendidas a las que podemos denominar las poses del poder.

Esta es una de las técnicas más eficaces para generar confianza en el público que puede ser objeto de mi atención o bien de una reunión, discurso u otro, lo cierto es que es muy útil para lograr un mayor y

verdadero impacto positivo en el individuo, considere-
mos entonces algunas de dichas técnicas.

Veamos algunos pequeños tips a manera de consejo
que podría ayudarnos a reflejar una actitud de que
muestre mayor confianza en nosotros mismos al
enfrentarnos en ciertas ocasiones que así lo
ameriten:

- *Mantén tus ojos en el objetivo:* divagar con la
  mirada podría ser un gesto de desinterés
  absoluto, no observes el celular o cosas a tu
  alrededor, mantén tu mirada siempre arriba
  colocada en tu objetivo en todo momento
- *Presta atención a tus manos:* como ya dijimos
  antes las manos detrás podrían suponer
  autoridad y eso en algunos casos sobre todo
  en asuntos del liderazgo podría parecer
  arrogante, mientras que si los cruzas en el
  pecho podrían crear una apariencia de
  amenaza, procura mantener tus brazos libres
  y relajados.
- *Párate derecho:* asume una postura erguida,
  trata de mantener tus hombros al nivel de las
  caderas, y siempre asegúrate que tus dedos
  apunten hacia la persona con quien te
  comunicas.

- **Sonríe, no lo olvides.** Recuerdas que ya hablamos de ello y mencionamos de hecho la profunda importancia que guarda una buena sonrisa, lo impactante y contagiosa que esta puede ser, además esta habla muy bien de ti, así que no olvides manifestar cuan feliz estas por estar allí, siempre sonríe.

No importa en el contexto que hayamos nacido, no importa los valores que podamos haber recibido, la auto confianza puede ser desarrollada, y ya vimos que incluso puede ser generada por asumir posturas correctas en el momento indicado, observa bien cuáles son esas posturas naturales que puedes asumir como parte de las múltiples expresiones de tu lenguaje corporal, concéntrate en disminuir el uso de ellas, y recuerda hacer una costumbre el uso de esas posturas que van a desarrollar una imagen de ti que dejaran, no solo en ti sino en el resto de las personas una sensación de estar frente a un verdadero líder, frente a una persona que confía en él, y desde luego genera una enorme confianza en los que lo rodean.

EL EFECTO ESPEJO, GENERAR CONFIANZA

*C*uando mencionamos el efecto espejo estamos hablando de ese reflejo que podemos lograr en las demás personas al interactuar con ellos, así como acabamos de ver en el capítulo anterior, una actitud de confianza por lo general genera confianza, de eso mismo se trata, solemos enviar un mensaje subliminal a través de nuestros gestos o movimientos con nuestro interlocutor, que puede determinar de una vez el impacto que ocasionaremos en él.

En el caso de las mujeres, su percepción sensorial está más desarrollada que la de los hombres, por tanto estas son más expertas en detectar las verdaderas intenciones que llevamos al hablar o lo que podemos estar sintiendo realmente a través del mensaje que estamos enviando, es por eso que encontramos que las mujeres son excelentes detectoras de mentiras.

Por su parte los hombre somos más inexpresivo que ellas, solo usamos una pequeña parte de nuestras expresiones faciales, sin embargo si nuestro deseo es generar confianza, bien sea en la mujer o en cualquiera que sea nuestro interlocutor, está comprobado que a través de la imitación es un método eficaz para ello, si eres un líder de un equipo y quieres generar y producir una imagen de confianza con tus subordinados, practica realizar alguno de sus movimientos y veras como lograras acercarte de manera más positiva a ellos.

En definitiva, el efecto espejo es una técnica sumamente interesante que podría ayudarte a obtener buenos resultados en distintas áreas de la vida, por ejemplo hacer uso de estas técnicas en medio de una entrevista de trabajo resultara eficaz, replicando ciertos gestos de manera incluso consciente de los que hace tu interlocutor, podría generar un buen estado de confianza y seguridad.

Podría resultar sorprendente, pero el efecto espejo es ya practicado por todos nosotros desde que nos encontramos en el vientre de nuestras madres, nuestros órganos y sus ritmos naturales comienzan a sincronizarse con el de la madre, logrando una buena sincronía que genera armonía y paz.

Apliquemos estos principios de la imitación incluso de manera consciente y exploremos los grandes beneficios que pueden otorgar.

CONCLUSIÓN

En definitiva, en todos los procesos de nuestra vida que incluyen la comunicación, siempre será completamente determinante una comunicación que trate de ser lo más efectiva posible, lograr esto, según hemos observado siempre será más fácil haciendo un uso consciente y moderado del lenguaje corporal.

No importa la circunstancia, lo que realmente es importante es la intención, si estas en medio de un discurso y necesitas generar confianza adoptas algunos de los elementos del lenguaje corporal precisos, como ya hemos observado, si estas en una entrevista laboral o en un debate querrás mostrar seguridad, o tal vez autoridad, no se trata tanto de las palabras que puedas utilizar para tratar de convencer que en realidad eres una persona segura, esto por sí solo no sería efectivo.

Es a través del proceso de la comunicación corporal efectiva y de manera consciente que lograras el propósito que te hayas planteado.

Pero más aún en tu proceso de gestión laboral, en tu rol de cabeza de hogar, realizar siempre un buen análisis respecto a los principios que se puedan conocer de dicho lenguaje te ayudara a mantener una perspectiva clara de las circunstancias que podrían encerrar las realidades ocultas de aquellos que te rodean.

Es tan vital considerar con mayor consciencia el tema del lenguaje corporal que incluso podría ser la pequeña diferencia que marque la posibilidad o no, de descubrir que quien está frente a ti pueda ser el amor de tu vida y la garantía de que tu descendencia se perpetúe mas años sobre la tierra.

Es esa la virtud del lenguaje corporal, ayudarnos a estrechar mejores relaciones con nuestros compañeros de camino y a través de estos tener una perspectiva completamente clara sobre qué es lo que hay en aquel que me transmite su mensaje.